NUEVA MONEDA ARGENTINA

ARGENTO

Lic. Alejandro Ricardo Berghmans

Amazon

ISBN-13: 9798396620476
ISBN-10: 1477123456

Cover design by: Art Painter
Library of Congress Control Number: 2018675309
Printed in the United States of America

Este libro está dedicado a todos los Argentinos, que han volcado su esfuerzo, estudio y trabajo para construir una argentina mejor y que nunca bajarán los brazos, para seguir luchando por nuestra querida Patria.

"La moneda es el fruto del trabajo de hombre, es un valor que debe respetarse y ser utilizado proactivamente para su beneficio y el de toda la sociedad".

CONTENTS

FOREWORD

Desde hace más de setenta años, que los gobiernos de Argentina, por acción u omisión, vienen incumplido el mandato constitucional de defender el valor de la moneda, consagrado en nuestra Constitución Nacional, en el articulo 75, inciso 19.

Somos una Nación; Repúblicana, Constitucional, Representativa y Federal.

Por ello, a partir de 2024, esperamos abrir un nuevo capítulo en nuestra historia, signado por el respeto irrestricto a los valores fundamentales consagrados en nuestra Carta Magna.

Nunca aceptaremos un modelo, que no respete; la libertad individual, la propiedad privada y los derechos del prójimo.

Llegó la hora de abandonar el modelo socialista; con la burocratización y concentración del poder, con las faltas de incentivos para la producción, con la explotación estatal del individuo y la perdida de libertades y avanzar con las reformas estructurales que exige nuestro país.

En este libro, el autor nos propone; la creación de una nuevo modelo de activo digital, la Nueva Moneda Argentina, denominada Argento.

Afirma, que la NMA, se convertirá en el pilar fundamental,

para recuperar la soberanía económica y financiera, perdida por causa de la dispendiosas politicas socialistas, que terminaron destruyendo la función de "reserva de valor" del peso y endeudando a varias generaciones de argentinos.

PREFACE

El autor, nos plantea, que en el actual sistema financiero internacional, la reserva de valor de una moneda, es inmanente al mercado, el cual determina su cotización, por la ley de la oferta y la demanda.

Nos propone, la creación de la NMA, como activo digital de ahorro e inversión, la cual incluye distintos beneficios fiscales, según el sector de inversión.

Su objetivo, primordial, apunta a beneficiar sectores considerados estratégicos, tales como; la educación, la formación y capacitación para el trabajo, la creación de empleo genuino y la estabilización de las principales variables de la economía, todo lo cual posibilitará la recuperacion social, cultural y económica de la Argentina.

Para lograr el objetivo, habrá que consensuar los acuerdos politicos necesarios, para organizar, coordinar y controlar correctamente, la nueva politica monetaria y fiscal.

PROLOGUE

En el marco de la evolución natural del dinero y la revolución de la tecnología, las monedas digitales pueden ser creadas por los bancos centrales, como la version digital de sus monedas nacionales.

La seguridad y comodidad que brinda a los usuarios el uso de esta nueva forma del dinero, llegó para quedarse.

Considerando que, el devaluado peso argentino ha perdido su función de "reserva de valor", el autor propone la creación de una nueva moneda, con características, hasta hoy, impensadas por los economistas ortodoxos y el sistema financiero internacional.

Se trata de una nueva moneda digital activa, que al estar aplicada al ahorro y/o la inversion y contar con beneficios fiscales subyacentes, según el tipo de inversión elegida, genera valor económico real, lo cual le permite cumplir acabadamente con la función de reserva de valor, que perdió el peso.

Ahora bien, dadas las distorsiones existentes en la economía argentina, hasta que se estabilicen las princiapales variables, para su correcta implementación, se hace necesario definir dos etapas.

Durante la primera etapa, el peso continuará operando transaccionalmente con normalidad, aunque gradualmente, será absorbido y reemplazado por la Nueva Moneda Argentina, denominada Argento.

En esta etapa, el nuevo activo digital, se destinará prioritariamente a la compra de activos de inversión (bienes y servicios no perecederos), con el objetivo de generar valor económico.

Esta restricción temporal, posibilitará la absorción gradual de los pesos del circulante y de las letras Leliq's, que fueron emitidas para esterilizar, lo que posibilitará reducir la inercia inflacionaria, siempre y cuando el BCRA, deje de emitir.

En la segunda etapa, con la economía ya estabilizada, producto de la generación de valor económico, los sistemas comenzarán a aceptar la NMA, para la compra de bienes y servicios, no relacionados con activos de inversión (bienes y servicios perecederos).

NUEVA MONEDA ARGENTINA

Lic. Alejandro Ricardo Berghmans

Introducción

Desde que se abandonó el Patrón Oro, el 15 de agosto de 1971, bajo la presidencia de Richard Nixon, la reserva de valor de una moneda fiduciaria (fiat), la dispone el mercado, a través de su cotización, por la ley de la oferta y la demanda.

El descripto, es el nuevo sistema monetario internacional, donde los bancos centrales tienen un rol fundamental, que es el de preservar el valor de la moneda, lo que no ha ocurrió en la Argentina, por la emisión excesiva de dinero sin respaldo; sin que hubiera una generación previa de riqueza o valor económico.

Dicho rol, está expresamente establecido en nuestra Constitución Nacional, en el Artículo 75, inciso 19, el cual manda a "Defender el Valor de la Moneda", para evitar la expansión incontrolada de la emisión monetaria, lo cual implica traicionar el mandato constitucional.

A continuación, describiremos, paso a paso, como se puede recuperar la reserva de valor de la moneda argentina y las medidas de tipo fiscal que se deberían adoptar, para estabilizar definitivamente la economía.

Consideraciones Previas

Partimos de la premisa que, cuando el BCRA emite pesos en forma espuria (sin la contrapartida de un incremento en la demanda de dinero, generada por la producción de bienes y servicios), se produce inflación de precios.

Esto es un fenómeno de origen estrictamente monetario, el cual destruye lisa y llanamente el valor de la moneda, que es el fruto del trabajo de los argentinos.

Pero lo trágico de todo esto, es que el BCRA se creó para preservar el valor de la moneda. Sin embargo, lo que se ha hecho, unos años después de su creación, mediante la emisión espuria, ha sido destruirla en forma sistemática.

Los responsables han sido los políticos y economistas de turno, por alentar indiscriminadamente:

- El aumento del gasto público (corrupción e impunidad en las obras, aumento del empleo y el gasto estatal para captar votos),
- El incremento del consumo populista, también con fines políticos, sin generar la contrapartida en el crecimiento de los bienes y servicios.
- Producto de su irresponsabilidad política, finalmente obligan al BCRA a financiar el déficit fiscal y cuasi fiscal (leliqs), generado por la mencionada emisión.

BCRA: Carta Organica. Incumplimiento del Artículo 3.

EL BCRA se creó en 1935 para preservar el valor de la moneda, la estabilidad monetaria y financiera, el empleo y el desarrollo económico con equidad social.

Lamentablemente el BCRA no ha podido cumplir su misión ortodoxa de "Preservar la Estabilidad Monetaria", porque Juan. D. Perón en 1946 cambió su Carta Orgánica para transformarlo en "Agente de Desarrollo" y desde 1949 se convirtió en el principal financista del gobierno (Prestamos del BCRA al Tesoro Nacional, para financiar el gasto público, siendo esa política dispendiosa, la que ha ocasionado que nuestra moneda haya perdido su Reserva de Valor)

Por ello la Nueva Moneda Argentina, no va a ser creada para alentar el gasto o el consumo populista, sino para ser volcada al ahorro y la inversión productiva, pero fundamentalmente; para apalancar la educación y la formación para el trabajo, todo lo cual posibilitará la recuperación de la economía y las condiciones de vida de la sociedad argentina.

Creación de la Nueva Moneda Argentina "Argento".

Es algo simple; se crea sin costo, mediante una norma que

rápidamente se puede aprobar por el congreso y disponer de forma inmediata.

Creación de la "Reserva Federal Argentina"

Su misión primaria será preservar el valor de la NMA y gestionar todo lo relativo a la correcta administración; legal, técnica, operativa y de contralor.

Desde la plataforma creada al efecto, se realizará la emisión "digital" de la NMA.

La misma, podrá ser adquirida mediante diferentes medios de pago, en pesos o divisas, a la cotización vigente de mercado, desde su plataforma digital, bajando la (App Argento), creada a tal efecto. Previamente el solicitante deberá validar sus datos de registro en "Mi Argentina".

El solicitante de la NMA, recibirá el importe de la misma, acreditado en la cuenta bancaria que figura en su solicitud de compra. Se le suministrará además dos tarjetas; una de débito para efectuar transacciones desde su home banking o cajeros y una de crédito para operaciones de compra, física o virtual de bienes o servicios. También podrá operar con Código QR.

Nota: Al principio del programa, solo se podrán realizar las transacciones aceptadas por el sistema (con la NMA, al principio del programa, no se podrán adquirir bienes o servicios perecederos).

Emisión de la NMA. Precisiones importantes.

1. La emisión digital de la NMA, tiene por objetivo primordial reemplazar al peso, el cual ha perdido su función de reserva de valor.

2. La emisión se efectuará, contra los pesos ya emitidos, los cuales serán reemplazados por la NMA, a su valor de mercado.

3. Dadas las distorsiones generadas en los precios de la economía por; la política de subsidios, los diversos tipos de cambio sectoriales y los efectos de la inflación misma, **la emisión digital de la NMA necesitará contar con un período de tiempo, hasta conformar una masa crítica o volumen, que le permita consolidarse como reserva de valor.**

-El lapso de tiempo, dependerá de distintas variables, tal como; los niveles de emisión y absorción de pesos, el nivel de evolución de los depósitos en el sistema bancario, la velocidad de circulación del dinero, la evolución de la inflación y los ingresos fiscales y la quita progresiva de las subvenciones.

Ahora bien, una vez estabilizadas las principales variables de la economía, tal como la evolución del PBI, la demanda de dinero y la perdida de volatilidad de los activos domésticos, el sistema podrá comenzar a aceptar las transacciones en la NMA, para la compra de bienes perecederos y sus servicios asociados, a la tasa de cambio Peso/NMA, que determine el mercado.

Recordemos que el mercado, es el que determina la cotización de las monedas o divisas y que los valores se se irán estabilizando, en forma progresiva, en la medida que vayan desapareciendo las mencionadas distorsiones existentes en la economía.

Ahora bien, Si antes dijimos que no se podía utilizar la NMA para la compra de precederos y sus servicios asociados ¿por qué ahora sí?

Simplemente porque, una vez estabilizada la economía, la misma comenzará a generar la riqueza necesaria para aceptar la emisión controlada de la NMA, sin que se alteren los precios.

En otras palabras, si la economía crece es porque se está generando valor económico y ese crecimiento va a requerir que los organismos de control, creados al efecto, autoricen la emisión de la NMA, para acompañar la demanda que genera dicha generación de riqueza.

Mecanismo de emisión de la NMA

La dirección, gestión, registro, supervisión, control y auditoria de la emisión, quedará a cargo del "Reserva Federal Argentina". Se creará una plataforma especial, a tal efecto.

Control y Transparencia.

Se creará un equipo especial "ad hoc", encargado de la auditoría, integrado por funcionarios del Poder Judicial y el Ministerio Publico, exhortando a los jueces y fiscales, para que actúen con la mayor objetividad, celeridad y eficacia, en materia de seguimiento y control de la gestión.

Dichos funcionarios supervisarán los contratos con el Estado y sancionarán duramente los actos de omisión de función.

Controlarán la correcta; gestión, administración y distribución de los fondos autorizados por el Congreso, en los presupuestos de cada ejercicio.

Para favorecer la eficiencia y claridad, se realizarán auditorías públicas, favoreciendo en todo momento el acceso a la información, para contralor del poder ciudadano.
La Auditoria, se licitará entre los mejores Estudios Internacionales.

Coordinación de las Políticas Monetaria y Fiscal

La Reserva Federal Argentina, coordinará la política monetaria o sea los niveles de emisión y registro de la NMA, con los siguientes organismos:

- INDEC (determinará el valor diario del índice de inflación)
- AFIP (informará nivel de recaudación y utilización del crédito fiscal)
- Ministerio de Economía (brindará datos sobre la evolución del déficit fiscal)
- Ministerio de Educación (controlará las aplicaciones de la NMA a Programas de Educación y Formación en el ámbito privado)
- Ministerio de Trabajo (informará los resultados de la aplicación de la NMA, en la creación de nuevos puestos de trabajo).
- BCRA (brindará datos sobre la evolución de la emisión (será limitada por la nueva Carta Orgánica -ya no podrá financiar el déficit fiscal-) y la absorción de pesos (vía el mecanismo la NMA). También brindará informes sobre los niveles de esterilización, vía Leliqs.

Nueva Moneda Argentina. "Argento"

El "Patrón Monetario" de esta nueva moneda digital, de ahorro e inversión, no está expuesto a la inflación **(1)**. Su valor se ajusta automáticamente por el índice de inflación diario.

Características de la NMA

1) Es Activa (genera flujo).

Es un nuevo concepto de moneda de Trabajo, destinada a:
A) El "Ahorro" y/o la "Inversión".

B) Según el tipo de inversión, genera "Desgravación Fiscal".

2) Cuenta con Respaldo Económico.

Su respaldo surge entonces de la renta o valor económico (flujo), que le genera al adquirente, su aplicación al "Ahorro" y/ o la "Inversion" y como activos de flujo subyacentes incluye; la Autoindexación y el beneficio de la "Desgravación Fiscal".

Además, la última palabra sobre el valor de una moneda, siempre la tiene el mercado, a través de su cotización. En el caso del dólar, si bien en USA está sobre emitido (inflación anual del 5% al 10% aprox.), en Argentina es considerado reserva de valor y nos protege, frente a una (inflación anual del 100% al 150%).

En el caso de la NMA, además de brindar protección contra la inflación, hay que sumarle el retorno económico que generan el ahorro y/o la inversión, más el beneficio de la desgravación fiscal. Usted ¿cuál compraría?

3) Constituye Reserva de Valor, porque no está expuesta a la Inflación.

Como la NMA es un activo digital que genera renta (flujo), por su aplicación al ahorro o la inversión y además cuenta con desgravación fiscal, no se devalúa.

Se adquiere con los pesos o divisas existentes, con lo cual, no requiere de la emisión de nuevos medios de pago que generan inflación.

Por el contrario, en cada operación de compra se absorben pesos del circulante, lo cual reduce la inflación generada por sobre oferta de pesos.

La Lógica de la Lógica

La NMA es un activo digital, cuyo destino es; el ahorro y/o la inversión (genera flujo o valor económico), a lo cual, se le suma la desgravación fiscal (el porcentaje exento depende de la opción de inversión), todos esos beneficios subyacentes son los que generan la renta o valor económico. Por esta razón, la NMA no produce inflación y se constituye en "Reserva de Valor".

SI la NMA no produce inflación, ni fija el precio de los bienes y servicios que adquiere, para poder constituirse en Reserva de Valor, no debe estar expuesta a la inflación de precios.

En verdad, es el precio de los bienes y Ssrvicios durables, los que determinan el valor de la NMA o su poder adquisitivo (porque en ellos se la invierte) y para que dicho valor no este expuesto a la inflación, debemos considerar el Índice de Precios Diario, que indexa la NMA, como la Unidad de Cuenta Estable, que se constituye en su Patrón Monetario.

En el caso del Peso, tenemos una moneda corriente, que debido a la emisión constante de nuevos medios de pago -emisión descontrolada, sin la contrapartida de una mayor demanda de dinero, generada por la producción de bienes y servicios- ha visto deteriorar gradualmente su poder adquisitivo, perdiendo definitivamente su función de Reserva de Valor.

Debido a que; el peso a perdido su función de Reserva de Valor, hemos decidido:

Desdoblar las Funciones de la Moneda

Moneda	Funciones	Destino	Conceptos
Peso	Medio de Pago	Gasto	Perecederos
	Unidad de Cuenta		
NMA	Medio de Pago	Ahorro	No Perecederos
		Inversión	No Precederos
	Unidad de Cuenta		

9

+ **Reserva de Valor (1)**

+**Desgravación Impositiva (1)**

(1) Los argumentos técnicos que sustentan la propuesta de la NMA.

A) Recordemos que al indexar no se potencia la inflación, sino todo lo contrario.

Esto es así, porque no se agregan medios de pago. Dicho al revés, actualmente como no disponemos de la NMA y el peso no se indexa, entonces el gobierno se ve obligado a agregar o emitir medios de pago que estimulan la inflación.

Al remplazar, de manera progresiva, parte de los Pesos por la NMA, se recupera la función de reserva de valor y automáticamente se promueve el ahorro y la inversión y con ello se alienta la creación de empleo genuino.

B) El destino de la emisión monetaria.

Aquí es importante entender una idea fundamental, a menudo soslayada por los economistas: que lo que determina el efecto inflacionario de la Emisión Monetaria no es el Origen, sino el Destino de la impresión del Dinero.

Un tema es emitir, digamos $1.000 millones para pagar Capital, más Intereses de la Deuda Pública, tal como se hace ahora a través del BCRA por la emisión de Leliqs -antes Lebacs- (genera inflación indirecta), o destinar dicha emisión a salarios para financiar el consumo (genera inflación directa).

Ahora bien, otra opción muy distinta, es emitir esos mismos $ 1.000 millones para financiar la construcción de un Proyecto de Evolución y/o Inversión, que genera, valga la redundancia, un ciclo de inversión en el tiempo y da lugar al aumento de la producción de bienes y servicios, lo cual termina generando valor económico y empleo genuino (no inflacionario).

- **Ciclos de Ahorro-Inversión-Estudio-Formación.** Requiere del empleo de <u>tiempo,</u> para obtener e<u>l</u> <u>resultado</u> (meses, años, etapas, fases). Entre el Origen (emisión) y el Destino (sucesivas aplicaciones de la inversión), existe un ciclo de tiempo, en fases, donde se genera valor económico o se adquiere conocimiento, que es valor económico potencial. (en esta opción, no se produce inflación, porque previamente se generó valor en la economía) EJ: Emisión de la NMA.
- **Ciclo de Consumo.** Entre el origen (emisión) y el destino (aplicación del gasto), no hay tiempo para la generación de valor Ej. Emisión de Pesos para el pago de salarios, destinados al consumo (Altamente Inflacionario)

C) Diferencia entre Gasto e Inversión

Para terminar de comprender en profundidad el concepto de la emisión monetaria, es muy importante entender la diferencia entre gasto e inversión:

<u>El Gasto</u> no genera retorno, es un dinero que se inyecta fuera del sistema productivo y no regresa -no genera valor- y por ello, genera inflación.

Dicho de otra manera, se vuelca dinero al mercado sin respaldo (sin que exista, una mayor producción de bienes y servicios -valor económico- que justifiquen su demanda).

<u>La Inversión</u>, aunque es dinero que sale de los ahorros, va a tener un retorno -se genera valor-. Es dinero que regresará como ingreso, por ello no genera inflación.

D) Bienes de Consumo

Aquí, es importante distinguir entre los <u>bienes duraderos</u> (Slow Moving Consumer Goods) y los <u>bienes perecederos</u>.

Bienes Duraderos: Se caracterizan por tener una larga vida útil (bienes inmuebles; casas, departamentos, construcciones y bienes muebles; automóviles, maquinaria, electrodomésticos, tecnología). Son los únicos bienes que podrán ser adquiridos con la NMA, así como todos aquellos bienes o servicios subyacentes, que se incorporen a un proyecto de evolución o inversión, como capital de trabajo. También estarán incluidos, los pagos que se realicen por la prestación de servicios profesionales, relacionados con la producción, mantenimiento o alquiler de bienes duraderos.

La desición de restringir la aplicación o el uso de la NMA, solo para la adquisición de bienes durables, no es arbitraria, pues en una economía inflacionaria estos son refugio de valor, también se denomina consumo de cobertura, porque si bien están expuestos a la inflación, sus precios siempre evolucionan acorde al índice de precios o por encima de este, pero nunca quedan retrasados.

<u>Bienes Perecederos</u>. Se caracterizan por ser de corta duración, tienen una vida muy breve y no requieren de ahorro en el tiempo o acumulación de valor económico para su compra. Ej. Salario mensual, destinado a la compra de alimentos, que resulta altamente inflacionario.

E) La Desgravación Fiscal (El activo subyacente implícito).

Como la NMA, no está destinada al consumo de bienes perecederos, sino para ser utilizada en la generación de valor económico o conocimiento, lleva implícita como beneficio o aliciente la <u>desgravación fiscal</u>, cuyo porcentaje dependerá, de las prioridades estratégicas que se establezcan en materia de política económica y social; ya sea por su aplicación al ahorro, la inversión, la educación y/o el trabajo.

Diferencia entre el Peso y la NMA

Como podemos apreciar; el **Peso**, en <u>líneas generales,</u> es una moneda **PASIVA** (en un contexto inflacionario, sino se invierte, no genera valor y se deprecia).

- <u>No se ahorra.</u> Porque las tasas de interés en plazos fijos tradicionales (mensuales), por lo general son negativas, respecto del nivel de inflación. <u>Nota:</u> La excepción sería el plazo fijo UVA, el cual implica inmovilizar al capital, mínimo durante 90 días, para obtener una tasa positiva respeto del índice de inflación.
- <u>No se invierte.</u> El nivel de presión fiscal, por lo general desalienta las inversiones.

PESO = NO GENERA VALOR ECONOMICO

En cambio, la **NMA** es una moneda **ACTIVA** (que preserva su valor, porque los agentes económicos se benefician, de su aplicación al ahorro o la inversión, donde se genera valor económico y además se benefician de la desgravación fiscal).

NMA = GENERA VALOR ECONOMICO

Nuevo Concepto de Moneda.

Se trata entonces, de un nuevo concepto de moneda, qué si bien cumple con todas las funciones de la moneda tradicional, <u>se le agregan 2 (dos) funciones básicas:</u>

1) <u>Protección ante la Inflación:</u> Preserva su valor en el tiempo (auto indexación).
2) <u>Desgravación Impositiva</u>: Su utilización genera beneficios (vía Crédito Fiscal).

¿Porque no se aplicó antes este nuevo concepto de moneda?

1) Por desconocimiento sobre los diferentes efectos inflacionarios, que genera la emisión monetaria (ya explicado).
2) Porque nunca se pensó en crear una moneda activa que no esté expuesta a la inflación (auto indexación diaria). Su valor de mercado o cotización, estará determinada por la oferta y demanda.
3) Porque nunca se pensó en vincular la moneda con los beneficios de la desgravación impositiva, para darle más valor (obviamente requiere de la coordinación de las políticas monetaria y fiscal).
4) Por considerar a la moneda tan solo como un objeto pasivo y no activo (nuevo concepto). Veamos:

A) <u>Situación con la moneda actual "El Peso".</u>

Inestabilidad económica, alta inflación, bajo nivel de ahorro, dificultades para el acceso al crédito bancario -oneroso por el nivel de riesgo e incertidumbre-, desaliento a las inversiones.

B) <u>Situación con la nueva moneda argentina "NMA"</u>

Estabilidad económica, baja inflación, alto nivel de ahorro, crédito menos oneroso acorde al riesgo a asumir. En un marco de menor nivel de incertidumbre (implica menor costo de sobre cobertura frente a la inflación), lo cual, junto con la desgravación impositiva, alienta las inversiones.

¿Porque no utilizar entonces, la NMA autoindexable, que incluye la desgravación fiscal, para generar un efecto multiplicador sobre, el ahorro, el crédito y la inversión y con ello poder promocionar la educación y favorecer la

creación de empleo?

<u>El Ahorro:</u> Los ahorristas se verán estimulados a obtener una renta adicional, por lo que depositarán la NMA en los bancos, bajo la fórmula del plazo fijo (inflación mas tasa de interés).

<u>El Crédito</u>: Los bancos, captarán los depósitos de los ahorristas -plazos fijos- en la NMA y comenzarán a prestar, a una tasa razonable, porque no deberán adicionar la tasa para cubrirse de la inflación, en un marco de menor volatilidad.

<u>La Inversión</u>: Con esta nueva política financiera activa, generada con la emisión de la NMA y el aliciente de la desgravación fiscal, los agentes económicos se volcarán, sin duda a las inversiones productivas en la economía real y en menor grado a la especulación financiera.

<u>Los Bancos</u>: Otorgarán más créditos, mejorarán su volumen de negocio, y con ello el nivel de reciprocidad por la prestación de servicios, todo lo cual contribuirá a incrementar la rentabilidad.

<u>El Fisco</u>: Terminará recaudando más impuestos si la economía prospera. Por lo menos, la curva de Laffer así lo confirma, cuando plantea que, subir la tasa del impuesto no necesariamente aumenta la recaudación, porque la base tributaria cae. <u>Esa es la razón por la cual, hoy tenemos una enorme economía en negro.</u>

La adquisición de la NMA, resultará entonces en un gran beneficio para las personas y empresas:

- Por el beneficio fiscal que proporciona, según el tipo de ahorro o inversión.
- Por el crecimiento que generará para toda la economía.
- Por su potencial para impulsar y recuperar la educación y la formación para el trabajo.

- Por la capacidad para crear trabajo genuino y sustentable.

"La moneda es el fruto del trabajo de hombre, es un valor que debe respetarse y ser utilizado proactivamente para su beneficio y el de toda la sociedad".

¿Qué sucederá en la economía con la emisión de la NMA?

Continuará la utilización del Peso, solo para las compras de consumo de bienes perecederos. Ahora bien, en la medida que los pesos sean absorbidos por la NMA, el nivel de circulante en pesos en poder del publico disminuirá, transformando la calidad de la base monetaria por el aumento de los depósitos en los bancos, de la NMA.

Los servicios profesionales que estén relacionados con proyectos de evolución o inversión podrán utilizar la NMA.

Los agentes económicos elegirán la NMA para sus transacciones creando una importante demanda de la misma, lo que aumentará su cotización de mercado.

El dólar tendrá así en la NMA, un nuevo y poderoso competidor, el cual absorberá gran cantidad de pesos, pues los agentes económicos preferirán la NMA.

Al quitar la presión sobre el dólar, se estabilizará rápidamente el tipo de Cambio y la inflación comenzará a descender.

El déficit cuasi fiscal comenzará a reducirse, porque la NMA absorberá gran parte del circulante y no habrá que emitir nuevos medios de pago o bonos.

Igual habrá que trabajar duro para reducir el déficit fiscal y eliminar de raíz los gastos superfluos, mientras se restringe la emisión monetaria, solo para acompañar la demanda real del mercado.

En tal sentido y para dar señales de una importante reducción de gastos, proponemos, la reducción a la mitad, de los altos sueldos del sector público, en los siguientes organismos: Cancillería (excepto el personal que se desempeñe en el exterior), AFIP, Casa de la Moneda, Anses y Televisión Pública, Congreso Nacional, incluida la Biblioteca del Congreso y otros organismos a determinar.

Se solicitará además a diputados y senadores, la reducción del número de asesores, a un máximo de 2 (dos).

Respecto de los planes sociales, serán reemplazados por planes estudiar o trabajar, con cumplimiento presencial y se pagarán directamente a los beneficiarios, con la tarjeta que emita la Reserva Federal. El que no estudia o trabaja, no cobra la NMA.

<u>**Funciones de la Nueva Moneda Argentina.**</u>

- **Reserva de Valor**: Unidad Monetaria Reajustable según IPC diario. No se devalúa porque al ser una moneda activa, no está expuesta a la inflación.
- **Unidad de Cuenta**: Tiene uso financiero y contractual, porque su valor representa una "Unidad de Cuenta Ajustable Legal Vigente" (la cual varía según el IPC diario).
- **Medio de Pago**. Los contratos o valores se cobran o pagan en esta moneda según la unidad de cuenta, que evoluciona con el IPC diario. Dado que se trata de una moneda digital, solo pude comprarse o pagarse mediante transferencia electrónica, la cual será registrada por el Sistema Financiero y la AFIP y el resto de los organismos involucrados en su seguimiento.

- **Desgravación fiscal.** Beneficio implícito para promocionar el ahorro y la inversión.

Fórmula financiera de la NMA

NMA = [Unidad de Cuenta (ajustable x IPC diario) + % Desgravación Fiscal] = Cotización de Mercado.

Importante:

A) **El salario de los trabajadores.** Continuará cobrándose en pesos, ya que la mayor parte del mismo se destina al consumo. Mensualmente los trabajadores acordarán con la empresa o contratante, que porcentaje de su salario desean recibir o canjear por la NMA. Ahora bien, como el empleador o la empresa, se beneficiará del 6% de desgravación fiscal, si paga el salario con la NMA, tratarán de incluirá en los pagos, con lo cual los trabajadores se verán aún más beneficiados, pues ellos también contarán con desgravación fiscal, si la depositan en los bancos - plazo fijo-, o la invierten.

B) **Jubilados o Pensionados. Igual que los trabajadores, continuarán cobrando en pesos, aunque mensualmente recibirán un porcentaje adicional del 0.33%, por la cantidad de años efectivamente trabajados. Ej. Si tiene 30 años, recibirá 9,9% mensual en la NMA. (0,33 x 30 = 9,9% adicional sobre el sueldo).**

Ej: Si gana $50.000, recibirá NMA 4.950 (9,9% s/$ 50.000 = NMA $4.950).

Crédito Fiscal. La adquisición de la NMA para tenencia no genera crédito fiscal, solo protege de la inflación.

Solo genera crédito fiscal cuando se aplica al ahorro o la inversión, o sea cuando se la hace <u>trabajar.</u> El porcentaje del mismo, dependerá de su uso o aplicación.

Aclaración Importante: El crédito fiscal generado, será de libre disponibilidad.

<u>Porcentajes de Desgravación fiscal, para las opciones de Ahorro e Inversión en la NMA (a consensuar)</u>

- **<u>Sola Tenencia</u>:** Protege de la Inflación. No hay Desgravación Fiscal.
- **<u>Ahorro</u>: 3%** Depósitos en el Sistema (Caja de Ahorro/ Plazo Fijo/Otros)
- **Pago de Servicios Públicos: 3%** (Electricidad, Gas, Agua)
- **Pago de Impuestos y Tasas: 6%** Esto es para evitar la evasión e incentivar el pago de los tributos.
- **Pago de Sueldos Vigentes: 6%** <u>(Reducimos el costo laboral)</u>
- **Exportaciónes: 9%** (Promovemos las exportaciones)
- **Importaciones: 3%** Solo para Bienes de Capital o que se incorporen al proceso productivo, bienes durables, sus repuestos y servicios asociados facturados desde el exterior.
- **<u>Inversiónes en Proyectos:</u> 9%.** Si se lo aplica a un proyecto productivo de evolución/inversión (Ganadería, Agricultura, Minería, Industria) o de desarrollo (Construcción, Tecnología, etc). Estimulamos la producción y con ellos toda la economía.
- **<u>Alquileres 9%:</u>** Si bien son deducibles de ganancias por parte del inquilino o contratante, dado el déficit habitacional existente y la ausencia de una ley de alquileres equilibrada, que contemple los intereses de las partes, vemos conveniente agregar un descuento

adicional, para favorecer nuevos contratos y brindar estabilidad a las familias que no disponen de viviendas.

- **Pago de Nuevos Sueldos:** **9%** Para incentivar la incorporación de nuevos empleados, la eliminación de los planes sociales y promover la creación de trabajo genuino, en blanco. Además durante los primeros años (a consensuar), las cargas sociales serán a cargo del Estado, para facilitar la vinculación laboral y reducir sus costo.

- **Educación y Trabajo.** **12%** Por la adquisición de Becas o Vouchers Educativos y/o de Formación para el Trabajo (Capacitación y Entrenamiento). **Importante:** La desgravación no podrá aplicarse sobre las deducciones del impuesto a las ganancias, que resulten aprobadas (debe pasar aún por el senado), en materia de "servicios educativos" y/o "herramientas destinadas a la educación", que estén a cargo del contribuyente y no tengan ingresos superiores a la ganancia mínima imponible del año.

Nota: Las opciones de ahorro y/o inversión con desgravación fiscal, tendrán aplicación inmediata luego de aprobada la presente norma.

Bancos Privados

Depósitos: Podrán recibir depósitos en la NMA, los cuales serán remunerados mediante la tasa de interés que determine el mercado.

Préstamos. Podrán otorgar préstamos en la NMA, para lo cual deberán mantener una reserva fraccionaria del 50%. No podrán otorgar préstamos destinados al consumo, excepto para la adquisición de bienes durables, proyectos de evolución o inversión y la contratación de servicios asociados.

Bancos Estatales

Podrán recibir depósitos y otorgar préstamos en la NMA, que no sean destinados al consumo, igual que los bancos privados. <u>No deberán cumplir con las limitaciones de la reserva fraccionaria, impuesta para los privados.</u>

Medios de Pago. Se podrán librar y descontar cheques y pagarés en la NMA, que estén relacionados con transacciones de bienes durables y proyectos de evolución e inversión y sus servicios asociados. Se aplicarán los porcentajes de desgravación fiscal, según su aplicación.

Mercado: La moneda es transferible electrónicamente, según la Cotización de Mercado.

Se trata de una Nueva Moneda Digital, cuyos objetivos son:

- **Reducir la inflación.** Remplazar al dólar como "fijador de precio" de la economía, aliviando la presión de demanda sobre la moneda estadounidense.
- **Esterilizar la Emisión de Pesos.** Reduce de manera progresiva la emisión de LELIQS, poque permite aspirar o absorber los pesos generados por la emisión monetaria espuria.
- **Proteger de la inflación.** Porque es reajustable de acuerdo a la inflación diaria IPC. Unidad Monetaria Auto reajustable.
- **Ajuste contable por inflación.** Los bancos y empresas podrán contabilizar sus balances con la NMA, lo cual les permite eliminar las distorsiones generadas por la ausencia de ajuste por inflación.

- **Generar estabilidad económica y financiera:** la entrada en vigencia de la NMA, genera efectos inmediatos. La certeza que brinda a los agentes del mercado un patrón monetario estable como el de la NMA, valor que no se deteriora con el transcurso del tiempo, permite proyectar mejor la gestión económica y financiera, evitando de esta manera la aplicación de sobre precios especulativos, para cubrirse de eventuales devaluaciones, que implican mayores costos operativos, en la cadena comercial.
- **Favorecer la bancarización y el crédito.** Depositar la NMA será un excelente negocio, porque a la remuneración por los depósitos (tasa de interés), se suman los beneficios de la desgravación fiscal.
- **Reducir la evasión fiscal:** La curva de Laffer. En forma progresiva el sistema fiscal al aceptar los pagos de los impuestos, tasas y contribuciones en la NMA irá absorbiendo las emisiones efectuadas, posibilitando así la retroalimentación de nuevas emisiones, en el marco de un círculo virtuoso de generación de valor económico y social.
- **Reducir la carga salarial:** Los trabajadores podrán optar por cobrar parte de su salario en la NMA, con lo cual el beneficio de la desgravación fiscal se distribuye beneficiando tanto al empleado, como al empleador.
- **Recuperar el Salario y las Jubilaciones: Los empleados podrán ahorrar en la NMA sus futuras jubilaciones.** Esto se hará de manera consensuada con los empleadores, con lo cual rápidamente se recuperará el sistema previsional.
- **Favorecer la incorporación de nuevos trabajadores.** Debido a los beneficios que brinda la NMA, tanto a los empleadores como a los trabajadores, estos últimos se incorporaran en forma masiva al nuevo sistema, pues resultará mucho más beneficioso que trabajar en forma no registrada.

- **Reducir la economía en negro**. Las ventajas que otorga la NMA a los agentes económicos, reducirá las transacciones que se realicen fuera de la economía formal.
- **Reducir la volatilidad de los activos domésticos**. Los agentes económicos, por sus beneficios demandarán la NMA, lo cual quitará presión sobre la divisa estadounidense.
- **Incrementar la recaudación de impuestos**: Lo anterior posibilitará aumentar la base recaudatoria, con lo cual el fisco recuperará largamente la inversión generada por la desgravación fiscal.
- **Evitar huelgas y paros por reclamos salariales**. Una vez celebradas las paritarias sectoriales ya no existirán reclamos para ajustes salariales. Solo se reunirán para consensuar, si mejora o no la eficiencia o performance del trabajo, según la asignación de metas.
- **Desactivar el accionar de los Sindicatos**. Los sindicatos en lugar de reclamar ajustes salariales, tendrán que encargarse de prestarles verdaderos servicios a sus afiliados. Los afiliados podrán optar por afiliarse voluntariamente a las obras sociales de los sindicatos que les ofrezcan mayores beneficios.
- **Recuperar la economía**. Mediante el fortalecimiento del ahorro, el crédito y la inversión.
- **Reducir la Carga Fiscal**. Aliviar la presión impositiva sobre las empresas y personas, posibilitará el lanzamiento de miles de nuevos proyectos y con ello el rápido despegue de la economía.
- **Favorecer el acceso a la Educación y Formación**. Brindar conocimientos, capacitación y entrenamiento, para que las personas, puedan ingresar al sistema laboral e integrarse en lo económico y social.
- **Crear trabajo genuino en el sector privado**. Para aumentar el empleo y reducir en forma progresiva y sostenida los planes sociales.

- **Comercio Exterior.** Las exportaciones se podrán liquidar en la NMA, reteniendo el BCRA los dólares, para aumentar las reservas.

Ya no tendrá la autoridad monetaria, la necesidad de intervenir el mercado para controlar el valor el tipo de cambio. El mismo flotará libremente, pues no se recibirá presión por exceso de pesos en la economía.

Por su parte, los agentes de la cadena productiva, tambien se verán incentivados a recibir sus pagos en la NMA, para beneficiar cada una de sus actividades, con importantes ahorros en materia fiscal (desgravación impositiva).

Las importaciones tampoco serán un problema. El BCRA tendrá suficientes dólares, para asistir a los importadores, pues ya no tendrá que intervenir en el mercado de cambios, para evitar la devaluación de la moneda.

Ejemplos de su Aplicación

Existen 3 (tres) opciones de inversión, tanto para Personas Físicas como Jurídicas

- **Ahorro Simple:** Si deciden ahorrar $ 100.000, mediante un depósito bancario, obtendrán un 3%, o sea **$ 3.000** en crédito fiscal, más la inflación.
- **Inversión en Proyectos:** Si deciden invertir en un proyecto de evolución o inversión, obtendrán un crédito fiscal del 9%, o sea **$ 9.000**. Los fondos liberados, pasan a ser de libre disponibilidad para las personas y/o empresas.
- **Inversión en Educación y/o Trabajo (1):** La persona o la empresa que otorga una Beca o Voucher Educativo de $ 100.000 pesos, obtienen NMA 100.000, el cual genera

un crédito fiscal **$ 12.000**, o sea del 12%.

(1) Beca de Educación y Trabajo. (EyT).

Las personas que están fuera del sistema, pasan a recibir Educación y Formación (Capacitación y Entrenamiento), en el sector privado, lo que les permitirá obtener los conocimientos básicos, para poder insertarse en el sistema educativo y laboral y así lograr su independencia económica, para no depender del Estado.

El Círculo Negativo

1) Déficit Fiscal. Los políticos populistas, incrementan los gastos y el empleo estatal en forma desmedida para obtener votos y generan déficit. Además promueven la corrupción y la impunidad, generando sobreprecios en la obra pública. Todo lo cual profundiza el déficit de las cuentas públicas.

2) Emitir Moneda. Para cubrir el déficit, ordenan al BCRA imprimir dinero sin respaldo, con lo cual la emisión se torna inflacionaria, porque no hay una demanda real de dinero. Solo un crecimiento en la producción de bienes y servicios genera una demanda de dinero genuina.

3) Generar Inflación. El dinero impreso se destina a financiar el déficit fiscal y cuasi fiscal y a alentar el consumo, pero sin la contrapartida de una demanda real de dinero, generada por el aumento de la producción de bienes y servicios, tornándose de esta manera inflacionaria.

4) Incrementar la Tasa de Interés. Se encarece la demanda de dinero con el pretexto de bajar la inflación -para retirar pesos del sistema y evitar el traslado a la compra de dólares-, cuando en realidad lo que se termina haciendo, es aumentar las ganancias del sector financiero, que es el que cuenta con mayores recursos para protegerse de la inflación. Todo ello, en detrimento de los sectores de menores recursos, que no

cuentan con los medios para protegerse de la inflación.

5) <u>Generar Endeudamiento</u>. La caída de la economía, reduce la producción de bienes y servicios, entonces se recurre al endeudamiento para poder hacer frente a la mayor carga financiera, generada por el encarecimiento del dinero.

6) <u>Imposibilidad de Pagar</u>. Se refinancian las deudas y como un taxímetro que nunca se detiene, se van acumulando los intereses, a interés compuesto, como una bola de nieve, lo cual impide la cancelación total de la deuda, permaneciendo por los saldos impagos, la misma generada a perpetuidad. Aquí entra a jugar elconcepto financiero de "duration", donde la deuda original por el mero transcurso del tiempo, se torna más onerosa (se termina pagando el capital original prestado varis veces).

El Círculo Positivo

Como el peso a perdido su valor, debido a la emisión desmedida sin respaldo, se crea la NMA, la cual tendrá el objetivo revertir dicho círculo negativo.

Como se trata de una moneda activa, que genera valor en forma permanente, mediante el ahorro, la inversión y la desgravación impositiva, la misma no pierde valor, como lo hace el peso.

En otras palabras, como no está destinada a financiar déficits fiscales o cuasi fiscales, ni para alentar el consumo sin generación de valor, no está expuesta a la inflación.

Se genera así una competencia con el peso, el cual continuará como medio de pago expuesto a la inflación. Sucederá qué como los agentes económicos, buscarán resguardarse de la inflación y obtener alguna rentabilidad, comenzarán progresivamente a canjear sus tenencias de pesos, por la NMA.

Ello le permitirá al BCRA, esterilizar las desmedidas emisiones que hicieron sin respaldo, pero a un costo mucho menor, que con el actual sistema de emisión de Leliqs, el cual implica el pago de elevadísimos intereses (altamente inflacionario).

Al comportarse la NMA, de una forma parecida al dólar, pero con mayores beneficios (desgravación fiscal, con un porcentual previamente definido y consensuado, según su aplicación), se creará con su demanda, un nuevo mercado, donde la oferta y la demanda determinarán su cotización.

Los Costos del Señoreaje:

El Costo Fiscal, estará dado por:

A) Los niveles de desgravación fiscal relacionados con los niveles de emisión de la NMA.

B) El Estado ya no podrá beneficiarse de licuar toda la deuda del déficit fiscal, como lo hacía antes, con lo cual deberá abocarse a reducir el despilfarro y los gastos superfluos.

C) Al aliviarse la carga fiscal sobre los agentes económicos los agentes invertirán más, generando así una mayor recaudación.

El Costo Cuasi fiscal, estará dado por:

D) Se reducirá drásticamente, porque la NMA permitirá esterilizar los pesos, a un costo menor, que el sistema actual, que tiene que asumir una gran carga de intereses por la deuda emitida en Leliqs.

En consecuencia, los costos de su implementación, serán mínimos, ya que el costo fiscal se verá compensado por la mayor recaudación y la reducción del déficit cuasi fiscal.

Política Fiscal

Se tendrá que iniciar una nueva etapa en materia de política fiscal, signada por:

1) Una política fiscal activa para asignar estratégicamente la desgravación fiscal.
2) Implementar un férreo control del gasto público (presupuesto ortodoxo), lo cual implica una correcta asignación del gasto, eliminando todo derroche o malgasto.

En relación con lo anterior, debemos considerar, que con la implementación de la NMA que favorece la estabilización de la economía y una inteligente política de desgravación fiscal, el sector privado reaccionará en forma inmediata, lo cual permitirá recuperar rápidamente el ahorro, la inversión, la educación y la formación para el trabajo.

Como la moneda es el pilar que sustenta toda la economía, los beneficios se trasladarán a todos los sectores; S. Laboral (menor costo = mayor empleo), S. Fiscal (menos impuestos = mayor actividad = mayor recaudación) y S. Previsional (recuperación de las jubilaciones y pensiones), todos ellos indispensables para la recuperación económica y social de nuestra querida Argentina.

El Patrón Monetario

Las herramientas financieras implícitas de ahorro e inversión, junto con una política fiscal activa, constituyen los pilares subyacentes en la NMA, que posibilitan la generación de valor genuino y sustentable.

La NMA no está expuesta a la inflación (no se devalúa), porque es una moneda, cuya emisión está destinada al:

1) <u>Ahorro</u> . La parte del ingreso que no se destina al consumo y se invierte en depósitos bancarios recibe un rendimiento o valor económico. (inflación+interés)

2) <u>Inversión</u> . Proceso donde se compran activos que aumentan de valor con el tiempo y proporcionan rendimientos en forma de pagos de ingresos o ganancias de capital, o sea valor económico.

En consecuencia, la NMA no se emite para destinarla al consumo, porque entre el momento de la emisión y el gasto, no hay generación de valor (no se obtiene respaldo económico), que es la causa de la inflación.

Tal el caso de la emisión de pesos, que se destinan al consumo sin respaldo económico, porque entre el momento de la emisión y el gasto, no se generó valor económico, mediante la producción de bienes y servicios.

Pero entonces, como se explica: ¿que la sola tenencia no este expuesta a la inflación?

Sucede que la mayoría de los agentes económicos, al tomar conocimiento del potencial de la NMA y para beneficiarse económicamente, no tendrán ningún estímulo para retenerla por fuera del sistema financiero, pero si para depositarla y con ello obtener un rendimiento adicional (tasa de interés positiva).

Ejemplo de Emisión y Esterilización de la NMA
- **Reserva Fedral = Emite NMA x 100.000.-**
- **Agente Económico = Aplica $ 100.000 y adquiere NMA 100.000.-, que luego deposita en el banco donde obtiene intereses 2% y un descuento fiscal del 3%, o**

> sea le quedan $ 5.000 (Libre disponibilidad)
> - <u>AFIP</u> = Recibe NMA 100.000, que se pueden Esterilizar o No (vuelve al circuito para ser adquirida), según la política de coordinación monetaria/fiscal.

¿De una economía bimonetaria a una economía tri monetaria?

<u>Economía Bimonetaria</u>: Ganamos y gastamos en pesos, pero ahorramos y pensamos en dólares.

<u>Economía Trimonetaria:</u> Ganamos y gastamos parte de los pesos en consumo (bienes perecederos), pero ahorramos y pensamos en la NMA o Dólares? Los agentes económicos seguramente optarán por la NMA, que les generará más beneficios que el dólar.

<u>Tipos de Cambios:</u> Peso / Dólar, Peso / NMA, NMA / Dólar. Lo establecerá el mercado y se caracterizará por una progresiva escasez de pesos, pues estos serán absorbidos por la NMA. Esto le quitará presión al dólar, lo que permitirá estabilizar su valor, al caer la demanda.

PBI ARGENTINO

En una economía bimonetaria cerca de la mitad del PBI Argentino, está en efectivo fuera del sector bancario o en cuentas no declaradas en el exterior.

Según el último informe de Balanza de Pagos, publicado por el INDEC, unos USD 362 mil millones, estarían depositados en el exterior, producto de la inestabilidad y de la desvalorización constante del peso.

Esto quiere decir que, con la emisión de la NMA, estamos reduciendo la volatilidad de los activos domésticos y con ello la demanda de dólares, lo cual posibilitará iniciar rápidamente el camino hacia la estabilidad macroeconómica.

La introducción de la NMA (que remplazará al peso en un montón de transacciones, excepto para las de bienes perecederos), gradualmente eliminará la volatilidad de la economía, porque actuará como un escudo protector contra la vulnerabilidad del peso. No bien se estabilice la economía (porque se estará generando valor económico), el sistema comenzará a aceptar la NMA para el pago de perecederos y sus servicios asociados.

Conclusión

Una moneda solida, fuerte y atractiva, para promover el ahorro y la inversión, la educación y la formación para el trabajo (capacitación y entrenamiento), nos permitirá recuperar la economía y el crecimiento para crear empleo genuino.

El peso permanecerá tan solo como medio de pago, para las transacciones de bienes de consumo perecederos. Sin embargo, su valor se recuperará progresivamente, en la medida que el **BCRA abandone la emisión de pesos sin respaldo** (1), ya sea para financiar al tesoro; déficit fiscal o el deficit cuasifiscal (leliq's) o para apalancar el consumo de bienes perecederos, vía aumento de salarios. **(1) Sin que la economía haya generado previamente valor económico, como mencionamos, mediante un aumento en la producción.**

(1) Se solicitará al Congreso de la Nación, que autorice la Reforma de la Carta Organica del BCRA, Deberá volver a ser la Original, que impedía financiar el déficit del Tesoro Nacional.

Pensemos que al extraer pesos de la base monetaria M1 (circulante + depositos en bancos), más la reducción del nivel de emision de Leliqs, inmediatamente se fortalecerá el peso (por la esterilización que se produce al lanzar la NMA).

Comentario

La historia demuestra que ninguna moneda, aún la acuñada en oro, pudo cumplir cabalmente la función de patrón de valor estable en períodos prolongados. Esta situación se mantiene en la actualidad. El dólar norteamericano, moneda estrella del siglo XX, tuvo en ese siglo una inflación del 2.006%, perdiendo el 95% de su poder adquisitivo.

Siendo la moneda el denominador común del valor de los bienes, tenemos la percepción ptolomeica de que ella los determina y la consideramos el centro del universo económico. Pero la realidad copernicana es inversa: la moneda no fija el valor de los bienes, sino que es el precio de éstos el que determina el valor de la moneda, o sea su poder adquisitivo. Los esfuerzos por alcanzar una moneda estable vienen siendo infructuosos, porque se insiste en utilizar la moneda corriente como patrón de medida, cuando está demostrado que su poder adquisitivo fluctúa por la permanente e impredecible variación de los precios (F. Hayek) que es inmanente al mercado.

Un patrón de medida debe cumplir una única y suprema condición: ser invariable (G. Poulett Scrope). Si cambia, es inservible. La solución es desdoblar las funciones de la moneda inventando una nueva institución monetaria: la Unidad de Cuenta Estable. La verdad no se descubre; se inventa (Karl Popper). Fue lo que hicieron a partir de 1823 economistas precursores con vocación copernicana: J. Lowe, G. Poulett Scrope, W.S. Jevons, A. Marshall, S. Newcomb, I. Fisher y A. Bunge inventando una nueva institución que convierte el índice de precios en una unidad de cuenta (moneda virtual) que Alfred Marshall denomina: la UNIDAD. Chile creó en 1967 la Unidad de Fomento -UF-, con notables resultados.

Por ello, llegó la hora, que Argentina cree su propia moneda digital; en nuestro caso, la NMA (aunque con un concepto nuevo más avanzado, que es la inclusión del beneficio fiscal), la cual, en sinergia con un programa de bancarización profunda, permitirá elevar en el mediano plazo, el nivel de depósitos en el sistema. Esto implica crédito bancario genuino por miles de millones, plataforma de lanzamiento de un vasto plan de desarrollo. **Estoy seguro, que Argentina recuperará su economía y con ello su lugar en el mundo.**

Lic. Alejandro Berghmans

ANEXO 1

Beneficios de la NMA

¿Porque la NMA, reajustable, es autosustentable?

Si usted quiere tomar un préstamo, para comprar un departamento, pero no demuestra capacidad de repago, aunque disponga del patrimonio para cubrir la garantía del préstamo, el mismo no se le concederá.

Pero que sucede, si usted demuestra capacidad de repago, porque el activo (Ej: Depto) que adquiere con el préstamo, lo destina a alquiler y cede (por contrato), un porcentaje de la cobranza del mismo al banco (scrow account)?

El banco, analizará la capacidad de repago del inquilino y el período del contrato y si es con opción de renovacion o no y luego decidirá si otorga o no el préstamo al locatario.

La NMA es un ejemplo similar, pues una moneda activa que trabaja. Al depositarla en un banco genera intereses, cuando se la aplica a una inversión genera utilidades, a lo que hay que sumar el beneficio de la desgravación fiscal.

Estos recursos financieros auto-generados, son la que le otorgan respaldo y la tornan autosustentable.

La emisión de la NMA, le permitirá al Estado

a) Reducir la inflación.

b) Esterilizar la emisión monetaria.

c) Disminuir el nivel de endeudamiento y el costo asociado (intereses) por la emisión de leliqs (déficit cuasifiscal).

c) Eliminar la volatilidad de los activos domésticos para estabilizar (tipo de cambio y su efecto especulativo sobre los precios -sobrecobertura-)

d) Recuperar la economía.

Beneficios y Perdidas para el Estado

- Costo de creación de la NMA.

Será el que demande:

A) La creación de la Reserva Federal Argentina (el personal provendrá de organismos estatales y empresas privadas y profesionales especializados).

B) La construcción de la Plataforma Digital de la NMA, el diseño de la App. y los medios de pago: tarjetas de débito/crédito, transferencias, que se soliciten.

- Transitoria reducción de ingresos por impuesto a las ganancias, solo al principio, por un corto período .
+ Aumenta en gran medida el crédito doméstico y con ello la actividad económica por las inversiones, con lo cual terminará recaudando mucho más.
+ Parte de los salarios ajustarán por inflación (no hay emisión de billetes, solo NMA)
- Pago de interés por los depósitos de los inversores en la NMA.
+ Ingreso de intereses por préstamos otorgados a los Inversores
+ Se estabiliza la economía y se reduce la inflación; a) se elimina la volatilidad de los activos locales, b) se reduce la emisión monetaria, c) se absorben pesos con la compra de la NMA d) se aspira la emisión de la NMA con la cancelación de impuestos, e) se reducen drásticamente los costos asociados a la emisión de leliqs que se emitieron para esterilizar y f) se

reduce la inflación indirecta causada por el pago de intereses de los bonos.

Beneficios y Perdidas para el Trabajador o Inversor

+ No pierde contra la inflación
+ Gana interés por depósitos bancarios
+ Obtiene desgravación fiscal
+ Utilidades por la inversión realizada
+ Si bien continúa recibiendo el ingreso salarial en pesos, puede optar por recibir lo que considere necesario para su economía, en la NMA.

Algunos ejemplos de aplicación de la NMA (primera etapa).

Se puede utilizar en:
- Consumos en el exterior
- Pasajes Aéreos Internacionales
- Tarjetas de Crédito/Débito para la compra de bienes y servicios de bienes durables o no perecederos y sus productos o servicios asociados. También se podrá utilizar para cancelar consumos en el Exterior, lo cual permitirá recuperar el valor perdido del peso, que no se acepta fuera de Argentina.
- Repuestos asociados a Bienes No Perecederos
- Medicamentos de Alta Complejidad Medica y Servicios Profesionales relacionados.
- Servicios Profesionales relacionados con Bienes Durables
- Combustibles (Factura A)
- Seguros (Factura A)

<u>No se puede utilizar en</u>: (**)

- Artículos Suntuarios
- Ropa **
- Alimentos **
- Medicamentos Generales **
- Medicina Prepaga **
- Combustibles (Factura B) **
- Servicios de Recreación; Vacaciones, Pasajes aéreos domésticos. **

<u>Importante</u> (**).

Antes de lanzar el Plan NMA, habrá que consensuar con los distintos sectores, una reducción de impuestos, para facilitar la adquisición de estos productos y servicios (excepto productos suntuarios).

Una vez estabilizadas las principales variables de la economía, el sistema comenzará a aceptar la NMA, para la adquisición de estos producto o servicios.

ANEXO 2
Artículos sobre el Valor de la Moneda

1. <u>La defensa del valor de la moneda como norma constitucional</u>.

La irracionalidad económica constituye también una irracionalidad constitucional. Esta tesis tiene arraigo en el texto mismo de nuestra Ley Fundamental. Una política (o la ausencia de ella) que destruya o ponga en peligro aquellos bienes económicos resultaría contraria a la Constitución. Eso no significa que la Constitución ni la jurisprudencia de la Corte adopten rígidamente doctrinas de escuelas de política económica, pero sí que se preserven los derechos fundamentales establecidos por la Constitución misma, asunto que no puede quedar exclusivamente en el dominio de un sector o ideología política del Poder Ejecutivo.

La inflación, veneno que destruye la propiedad, debe ser combatida con eficacia no solo política, sino también constitucional. La inflación o la pérdida del valor de la moneda es inconstitucional cuando arruina la sustancia de la propiedad. La Corte ha establecido criterios acerca de las normas confiscatorias.

Y la política que puede conducir a la hiperinflación tiene carácter indudablemente confiscatorio. Ello no puede conducir al gobierno de los jueces, sino a la originaria protección judicial de la propiedad.

Las grandes mayorías respaldan la política antiinflacionaria como un modo elemental de autoprotección democrática. Descuidar el mal inflacionario conduce al desgobierno, que, en ciertas circunstancias, torna imposible la defensa de los derechos más elementales. La gente (incluyo a aquellas grandes mayorías) entiende muy bien esto. La preservación del valor de la moneda es un derecho común a la democracia y no la exacción injusta por medidas de gobierno que palmariamente la desconocen, o aun la persiguen, con fines partidarios o de abierta o solapada corrupción. Por cierto, subir los precios para beneficiar a algunos y al gobierno mismo puede constituir un grave delito.

La tesis aquí defendida, sin pretensiones de originalidad, es que la inflación expropiatoria es inconstitucional. Y el gobierno que no planifica siquiera su mitigación incurre en grave mal desempeño. Este mal debe ser acreditado y no ser materia de pura afirmación dogmática, como ha sucedido ya con conocidos juicios políticos. El mal gobierno se paga con su pérdida.

Todos los países establecen políticas y planes consecuentes contra la inflación. El problema es universal. Pero cuando su magnitud alcanza porcentajes severamente elevados, como los que tiene la nuestra, se impone por razones constitucionales un plan de lucha. Es claro que la inflación afecta al valor de la moneda que el Estado, en sus tres poderes donde los hay, debe rigurosamente combatir, pues es obvio que destruye la propiedad, la inversión, el trabajo, la seguridad social y económica en general. Se hace así de grave dificultad la defensa del valor de las prestaciones no dinerarias, lo que se traduce en una severa injusticia distributiva y conmutativa a la vez.

Consiguientemente, todo el sistema jurídico y político ha de reaccionar contra ese grave daño económico, pues la Constitución misma manda defender el valor de la moneda. Su devaluación es el modo más general de confiscación, aumento del déficit, generación de deuda interna y externa y pérdida del crédito del país. Como se advierte, los países luchan por erradicar ese mal económico que se traduce en perjuicio generalizado del crédito interno e internacional.

En ocasiones la Corte se ha empeñado en la defensa del crédito aun por el discutible y hasta pernicioso camino de la indexación, mitigando las pérdidas del acreedor, pero agravando otras prestaciones y la devaluación general. A tales daños se hubiese llegado también ante la irrazonable convertibilidad sobreviniente con equilibrio de moneda nacional y convertible. Pero cuando la moneda extranjera más fuerte no se depreciaba al ritmo de la nacional por nuestros déficits cubiertos con emisión, se producía entonces, como ahora, una carencia de la moneda extranjera de conversión. Por consiguiente, mantener la convertibilidad hubiese significado, en esas circunstancias, una inflación incontrolable, según nuestro voto en el caso Bustos del 26 de octubre de 2004 (fallos 327:4495).

En suma, la razonable estabilidad monetaria es un derecho humano fundamental, particularmente para aquellos sujetos a un ingreso que deben consumir y que no tienen capacidad de protección refugiándose en monedas extranjeras u otros objetos de valor de fácil intercambio. No hay crecimiento económico sin justa estabilidad monetaria, ni inversión ni poblamiento. Y menos aún es posible promover políticas diferenciadas para equilibrar el desigual desarrollo. ¿Cómo pueden cumplirse aquellas políticas si no hay política? Salvo la política de liberación judicial de la corrupción, que es la antítesis de todas las buenas.

A esos fines debe dedicarse la labor del Senado, pues recuérdese bien que para estas iniciativas el Senado será Cámara de origen (inciso 19 del artículo 75 C.N.). Sin moneda perecerán los valores democráticos y todo lo demás que enuncia prescriptivamente aquel inciso 19, que bien puede valer como un conjunto de políticas constitucionalmente aprobadas. Sería gravemente inconstitucional no emprender siquiera una sola de ellas. Y esperemos que por tales omisiones no se juzgue mal desempeño de los señores senadores o los que injurian a los jueces.

Cumplan más bien con el inciso 19, cuyo estudio no puede hacerse aquí ni someramente. Pongan a todos los empleados, también los recientemente designados, a trabajar, previa lectura y estudio de los fines apuntados por el recordado inciso, particularmente dirigido al Senado. Se me dispensará concluir con una cita de mi voto en Bustos: "La inflación es el sucedáneo de la insolvencia estatal" (página 4560). He releído cuidadosamente mi voto y pienso, después de tanto dolor, que en él he hecho un servicio a la Patria.

Diario La Nación. 15 de octubre de 2022 Antonio Boggiano. Expresidente de la Corte Suprema de Justicia de la Nación.

2. La defensa del Valor de la Moneda.

Entre las atribuciones del Congreso de la Nación se encuentra la corresponsabilidad de proveer lo conducente a la defensa del valor de la moneda, (Art. 75 inc. 19 de nuestra Constitución Nacional, (CN.).

Si nuestro peso acreditara valor y confianza, capacidad de sustitución y poder de equivalencia tanto para atesoramiento, compra, venta, locaciones, honorarios, viajes, desplazamientos y más, entonces ¿porqué tantísimos argentinos -desde su presidente- elegirían otra moneda (títulos valores, etc.) extranjera, con o sin curso legal?

¿Porque el Estado impone un régimen de control de cambios prohibiendo a los particulares comprar y vender divisas (o en divisas), salvo en casos expresamente autorizados cuando conforme el artículo 617 de nuestro Código Civil, se debe aplicar el sistema de sustitución, que obliga a pagar en moneda nacional el equivalente de la suma dineraria extranjera?

En efecto, dicho dispositivo no deja lugar a dudas, excusas ni espacios para eventuales riesgos ni crisis económicas: "Si por el acto por el que se ha constituido la obligación, se hubiere estipulado dar moneda que no sea de curso legal en la República, la obligación debe considerarse como de dar sumas de dinero" (sic). Más aún, ¿porqué tantos controles cambiarios cuando la ciudadanía ni siquiera tiene el derecho de saber quien imprimirá finalmente su propia moneda?

Nuestras crisis económicas (admitidas o no) carecen de un instituto de emergencia propio, adoptándose en tales casos únicamente medidas que presuponen la existencia de tal emergencia. En nuestro país las crisis económicas ya han dado lugar a un catálogo vernáculo de las mismas tales como: desagios, corralitos, corralones, pesificaciones perversas, moratorias hipotecarias, reducción de tasas de interés, rebaja en el monto de las jubilaciones/pensiones e incremento de edad y años de aportes con pagos en cuotas de sumas adeudadas en concepto de beneficios previsionales; congelación y rebaja de alquileres, prórroga de locaciones, paralización procesal de juicios, volatilidad en las cotizaciones de los valores públicos, iliquidez, fijación de precios máximos, cierre selectivo y caprichoso de importaciones sin sustitución de las mismas (salvo subrepticios ensambles locales con un 90% o más de sus partes importadas de países antidemocráticos con competencia desleal, trabajo indecente, infantil y de presidiarios, no obstante nuestro principio democrático rector y liminar impreso en el artículo 36 CN.).

Más allá de la inviabilidad constitucional de toda herramienta de facto para cualquier emergencia económico-financiera de hecho, solo cobrarán constitucionalidad aquellas restricciones fruto de una legislación específica, transitoria y reveladora de razonabilidad suficiente en el medio elegido, quedando estos últimos siempre fuera del alcance de arbitrarias y/o discrecionales reglamentaciones, de renovados abusos de poder, defecciones o recurrente financiamiento civil de ineficiencias públicas.

Por eso mismo, resultaría cuanto menos, temerario, si el Congreso por acción u omisión hubiera concedido al Ejecutivo Nacional (AFIP, Banco Central, Secretarías, etc.) potestades y competencias intransferibles, lo cual está prohibido y castigado severamente por nuestra propia Carta Magna (Arts. 14, 17, 28, 29, 36, 75 y concordantes).

Concomitantemente nuestro Congreso Nacional como otro modo de defender el valor de la moneda, deberá establecer y reglamentar con premura un Banco federal con facultad para emitir moneda, (Art. 75 inc. 6 CN.) arreglando simultáneamente -sin otras unitarias postergaciones-, el más pronto pago de la deuda interior de la Nación (Art. 75 inc. 7) para con tantas provincias hoy injustamente asfixiadas y así compelidas a emitir letras de sus tesoros y/o cuasimonedas.

Finalmente, es materia del más alto interés nacional, que los funcionarios políticos, obsesionados por la dinámica del poder (que puede llegar a convertirse en verdadera libido dominandi), sepan cuándo, cómo y hasta donde pueden intervenir y cuándo deben respetar los fenómenos sociales sobre los que están llamados a proyectar su ecuánime gobernanza y legitimidad, con sus límites constitucionales y sus responsabilidades republicanas.

Diario La Opinión. 14 de junio de 2012. Por Roberto F. Bertossi

EPILOGUE

Argentina se encuentra inmersa en una crisis social y económica sin precedentes, que la tornan vulnerable a las asechanzas externas de paises que promulgan otras ideologías, ajenas a la libertad indvidual, el derecho de propiedad y el respeto irrestricto a los derechos humanos.

Para evitar someter nuestra soberanía monetaria, económica y territorial a una potencia extranjera, debemos unirnos y recuperar el tiempo perdido, en el marco del respeto irrestricto, del mandato constitucional.

Para ello es fundamental establecer prioridades, tal como recuperar nuestra moneda, que es el pilar esencial de la economía. Ello nos permitirá eliminar la inflacion, bajar el endeudamiento y retomar la senda del crecimiento.

También habrá que realizar reformas estructurales, tales como; simplificar el sistema tributario y reducir los impuestos, recortar el peso del gasto público, liberar el mercado laboral y evitar las leyes e intervencionismos progresistas.

AFTERWORD

Espero con ansias y esperanza que los argentinos que han permanecido cautivos del populismo, por mas de setenta años, despierten y escriban un nuevo capitulo de sus historia, abrazando en unión fraterna los beneficios de la libertad y conviertan a nuestra querida Argentina, en la samaritana del mundo.

ACKNOWLEDGEMENT

Mi especial agradecimiento a Amazon, que me ha permitido publicar este libro sin costo, para que los pueda conocer el mundo entero.

ABOUT THE AUTHOR

Lic. Alejandro Ricardo Berghmans

Es Licenciado en Administración de Empresas, recibido en la Pontificia Universidad Católica, Santa María de Buenos Aires.

La experiencia adquirida en bancos internacionales; de origen francés (Banque Nationale de Paris) e italiano (Sudameris), que operaron en el sistema financero argentino y su posterior especialización en banca internacional, le han permitido obtener una visión global del comportamiento y evolución de las monedas, en los mercados de capitales y el comercio internacional.

En su libro "Nueva Moneda Argentina", nos plantea un enfoque diferente y creativo, para recuperar, la función de reserva de valor, del alicaido peso argentino.